DR. MONIKA MUHLER

Wie Sie Ihren
Glaubenssatz
zur größten
Lebenskraft
machen

Das Saga Lumina Programm.
Eine Einführung.

novum pro

www.novumverlag.com

Bibliografische Information
der Deutschen Nationalbibliothek:

Die Deutsche Nationalbibliothek
verzeichnet diese Publikation in
der Deutschen Nationalbibliografie.
Detaillierte bibliografische Daten
sind im Internet über
http://www.d-nb.de abrufbar.

Alle Rechte der Verbreitung,
auch durch Film, Funk und Fernsehen,
fotomechanische Wiedergabe,
Tonträger, elektronische Datenträger
und auszugsweisen Nachdruck,
sind vorbehalten.

© 2021 novum Verlag

ISBN 978-3-99107-442-7
Lektorat: Monika Steiner
Umschlaggestaltung:
Logo: Dr. Monika Muhler
Coverbilder: Olha Rohulya,
Artnun Prekmoung | Dreamstime.com
Umschlaggestaltung, Layout & Satz:
novum Verlag
Autorenfoto:
Annette Koroll FOTOS Berlin

Gedruckt in der Europäischen Union
auf umweltfreundlichem, chlor- und
säurefrei gebleichtem Papier.

www.novumverlag.com

EINLEITUNG

Blockaden sind leicht zu lösen, wenn wir verstehen, was sie uns sagen. Wenn wir das nicht hören können, bleibt die Blockade bestehen, sie verfestigt sich oder es entwickelt sich eine zusätzliche Blockade oder ein anderes Muster.
Das ist nicht schlimm, denn die Blockade bleibt so lang bei uns, bis wir sie definitiv auflösen können und wollen.
Weil unser Verhalten uns nicht mehr gefällt, weil wir nicht vorankommen, so wie wir es uns wünschen, oder weil wir endlich unseren Lebenssinn finden wollen.

Dieses Buch behandelt sehr wichtige Zusammenhänge. Denn wir lernen, etwas Ungünstiges, in Nützliches zu verwandeln Jede Hürde, die Sie erfolgreich überwinden, bringt Sie enorm weiter.

Das ist Ihre Lebensaufgabe. Der Sinn Ihres Lebens ist, glücklich zu sein. Das können Sie, wenn Ihre Lebensenergie fließt.
Und wenn Sie glücklich sind, sind es Ihre Partner und Freunde auch. Wenn Sie ein Ziel haben, können Sie einen wichtigen Beitrag für sich, für Ihre Familie und für die Welt leisten.

Es passiert etwas Wundervolles, wenn Sie loslassen können: wenn Sie die Box-Perspektive verlassen und wenn Sie Ihr Potenzial leben, verändert sich Ihre Umgebung.

Sie erleben die Welt lebendig und bunt. Sie fühlen den Paradiesvogel in sich und Sie verstehen das Besondere um Sie herum.

Die Liebe ist die einzige Energie des Universums, sie hält uns alle zusammen.

Nun zurück:

Das Wort ergibt Gedanken, Gedanken werden Emotionen, an denen sich unser Verhalten orientiert. Blockaden und Selbstsabotage können unser Handeln stören.

Ich benutze für den Vorgang der Selbstsabotage und der Blockade zwei Bilder:
Die Laufmasche in der Strickerei und das Geburtstrauma. Sie werden später die Bewegung dieser Bilder selbst spüren, wenn Sie sich auf das Fließen Ihrer Energie einlassen können.

Wir „stricken" ein Leben lang. Wenn eine Laufmasche entsteht, heben wir sie auf und arbeiten weiter. Damit wir vorankommen.

Ich fasse die Idee dieser Seiten zusammen:

Dieses Büchlein soll eine einleitende Funktion haben, ohne dass ich streng strukturiert Themen meines Coachings wiedergebe. Ich orientiere mich an meiner Entwicklung zur „Schriftstellerin". Das Thema „Buch schreiben" entstand über mein Coaching-Thema:

Saga Lumina Beziehungscoaching

Das Wort Beziehungscoaching kann natürlich irrtümlicherweise als Paar-Coaching oder Paartherapie gedeutet werden.
Es ist die Begegnung mit sich selbst, die Beziehung zu sich selbst, durch die fruchtbare Begegnungen mit anderen Menschen entstehen können. Erst wenn wir uns selbst verstehen, können wir den anderen bedingungslos annehmen.
Deshalb ist mein Angebot ein Einzelcoaching. Es schließt die Dynamik mit dem Partner ein. Auch Ihr Partner wird, wenn er dazu bereit ist, eine Veränderung erleben.
Selbstliebe und Selbstachtung legen den Grundstein für eine tragfähige Beziehung zu sich Selbst, zu dem Partner und zu der Welt.

Bereitwilligkeit ist Alles.
Die bedingungslose Liebe ist die stärkste Kraft des Universums.
Sie hält uns zusammen.

Der Kernsatz ist, dass sich Glaubenssätze auf das Leben negativ auswirken und dadurch die Lebensenergie blockiert wird. Glaubenssätze können und müssen verändert und optimiert werden, um den Blick auf die Situation zu erweitern.

Anhand des Glaubenssatzes

Unscheinbar lebt es sich leichter ...

deute ich eigene Erfahrungen, da dieser Glaubenssatz sehr lange Zeit eine Handbremse in meinem Leben darstellte. Überraschend war dann das Resultat dieses unscheinbaren Rückzuges. Es bildete sich ein hohes energetisches Potential in meinem Leben heraus, welches befreit werden wollte.

In einem der nächsten Bücher ist das Thema meines Hauptglaubenssatzes dran („ich bin einsam"). Ich gehe dann mehr ins Detail, und der Leser kann seine eigenen Glaubenssätze intensiver sehen und hinterfragen.
Der Glaubenssatz „unscheinbar lebt es sich leichter" ist ein weit verbreiteter Glaubenssatz nach dem bekannten Spruch, „Du lebst mit angezogener Handbremse." Das ist nicht gut und nur scheinbar bequem.

Ich beschreibe, wie Glaubenssätze entstehen. Es soll informativ sein, aber kein Lehr- oder Lernmaterial darstellen.
Man sagt, dass der Mensch seine Energie, seinen Glauben auf etwas richten kann. Er kann Gedanken kontrollieren und fokussieren. Er hat die Macht, die Situation so zu verändern, dass ein hohes Potential entsteht, und dass aus dieser Kraft, innere Stärke, Freiheit und Nutzen entsteht.

Es geht bei den Glaubenssätzen im Grunde genommen um „Weiße Magie" und „Schwarze Magie". Mit Hilfe der Meta-Technik® nach Bodo Schäfer, können wir Gedanken gezielt kontrollieren und entscheiden selbst, welche wir in unser Leben lassen und welche nicht. Auf diesem Prinzip basiert auch die Meditation, die Affirmationen und all das was unsere Denkweise beeinflusst.

Ich mache dem Leser Mut, seine Glaubensmuster und die dazu gehörenden Blockaden zu erkennen. Ich sehe dann natürlich auch mich, ich spreche also aus eigener Erfahrung privat und beruflich. Ich habe die Gabe, eigene Erkenntnisse und die Gedankenwelt und Erfahrung meiner Freunde, Klienten und Patienten, so zusammenzubringen, dass Wert entsteht, den wir teilen können.

Ich vergleiche die Arbeit an sich selbst und an den Glaubenssätzen mit Berufen:

1. Der Geburtshelfer, der den Glaubenssatz und die Blockade ans Licht bringt.
2. Der Architekt und Arbeiter an einem modernen Staudamm, wo Energie so verarbeitet wird, dass alle Kräfte zu einem Meisterwerk des Lebens führen. Der moderne Staudamm lenkt und kontrolliert die Energie des Wassers (Unbewusstes) in die richtige Richtung, um letztendlich auf einem neuen Weg Energie, Lebenskraft, Lebensqualität zu erzeugen. Der moderne Staudamm erschafft das neue Ziel.
3. Der dritte Beruf ist der des Leben-Designers.

Es geht also darum, dem Leser bewusst zu machen, dass er allein die Macht hat, sich zu verändern. Und wenn er sich verändert, ist er FREI.
Ich fasse in diesem Büchlein die Arbeit an den Glaubenssätzen und Blockaden in sieben Punkten zusammen.
Darin finden Sie einen roten Faden des entsprechenden Lebensthemas, und auch die Möglichkeit zu erkennen, wann es sinnvoll gewesen wäre „hinzuschauen", Sie aber nicht hingeschaut haben.

Wir können erkennen, warum wir nicht hingeschaut haben. So können wir eine Situation analysieren, Assoziationen zu anderen Ereignissen herstellen und daraus lernen. Wir können aus jeder Situation etwas lernen.
Wir lernen ein Leben lang.

Zusätzlich präsentiere ich im Buch einen kleinen Blockaden-Test; dieser ist zum Nachdenken gedacht. Das ist dann das Entdecken des Staus, der entsteht, wenn etwas nicht richtig fließen kann wegen des Glaubenssatzes.

Dann erkläre ich in Punkt 4 und 5, woran man einen Glaubenssatz erkennt und wie sich eine Blockade im Alltag anfühlt. Alles am Beispiel des Glaubenssatzes: „Unscheinbar lebt es sich leichter": Das bedeutet, dass es anstrengend sein kann, sich in seiner Einzigartigkeit „hervorzuheben" und sich für gesellschaftliche Ziele einzusetzen. Wenn man den Mut und die Kraft nicht hat, ist unscheinbar bleiben, die beste Möglichkeit, an sich zu „sparen". Wir sind alle gleich, bis auf die Art, in der wir unsere Einzigartigkeit hervorheben können.

Dann stelle ich meinen ersten Teil des Saga Lumina Programms vor:

1. Navigation: Weg finden, Ziel definieren.

Die Selfmade Stufe des Saga Lumina- Programms hat fünf Teile, die Navigation ist der erste.
Die anderen Stufen und Teile werden hier nicht vertieft, es soll nur ein Herantasten sein, eine Einführung in die Vorgehensweise im Coaching. Selfmade deshalb, weil der erste Teil des Saga Lumina Programms aus Dateien besteht, die Sie selbst bearbeiten können. Wir interagieren dann via E-Mail, und können bei Bedarf auch Sitzungen planen.
Besuchen Sie hierzu auch meine Homepage und meinen BLOG, es kommt wöchentlich etwas hinzu.

INHALTSVERZEICHNIS

1. Blockaden: Entstehung und Werdegang 13

2. Erkennen Sie Ihren wichtigsten Glaubenssatz
   und Ihre Blockade 23

3. So verstehen Sie Ihren Glaubenssatz.
   „Unscheinbar lebt es sich leichter", ein Beispiel ... 27

4. So entwickelt sich Ihr Glaubenssatz weiter.
   So fühlt sich eine Blockade an. 31

5. Wie gehen Sie nun mit Ihrem Glaubenssatz um? ... 35

6. Welchen Weg können Sie
   wie „Saga Lumina" gehen? 49

7. Wenn Sie verstehen, dass Sie die Macht haben,
   sich zu verändern, sind Sie frei! 55

In den Text integriere ich:

- Den roten Faden, vom Glaubenssatz über die Blockade zu Ihrem nützlichen Ergebnis
- Was Sie in den einzelnen Lebensphasen vertiefen können
- Fragen, an denen Sie Ihre Blockaden erkennen und testen können

**Ein Einblick in das
Saga Lumina Beziehungscoaching:
aus der Praxis in die Theorie**

1. BLOCKADEN: ENTSTEHUNG UND WERDEGANG

Blockaden gehören unabdingbar zu unserem Leben. Sie sind sogar provokant wichtig.
Wir können Blockaden zum Treiber unserer Meisterschaft machen.

Das erste Bild: Wir müssen die Laufmasche aufheben und verarbeiten, das Design optimieren.

Blockaden entstehen unbewusst in der Kindheit. Die erste große Blockade kann bei unserer Geburt passieren, wenn das Ungeborene im Geburtskanal steckenbleibt.
Bei einem solchen Ereignis ist rasches Handeln lebenswichtig. Dafür ist die Hebamme da.
Auch später entstehen Blockaden, wenn zu der lebensgeschichtlichen Entwicklung, Erfahrungen im sozialen Gefüge hinzukommen. Eines kann dann das andere triggern, dass heißt, alte Erfahrungen leben in aktuellen problematischen Situationen auf und wir bekommen die Möglichkeit, den Komplex zu bearbeiten. Wenn uns diese Arbeit nicht gelingt, wird das Problem zu einem späteren Zeitpunkt erscheinen und wir bekommen eine neue Chance.

Unser zweites Bild: Das Geburtstrauma. Wir befreien und aus dem Geburtskanal. Sonst ersticken wir.

Wenn Sie Ihre Blockaden lösen können, ändert sich ALLES in Ihrem Leben.

Die seelische Wandlung kann mit einer Geburt verglichen werden. Oder mit dem Schlüpfen des Vogels aus dem Ei.

Entwicklung und Transformation sind eine Herausforderung, das Lebensspiel zu beginnen. Ein Meisterwerk entsteht.
Ein beeindruckender Vergleich. Wir werden neu geboren und wollen Fashion erleben.

Mit der Geburt sind wir nun bei unserer ersten Beziehung, der Beziehung zu unserer Mutter.
Nun beschreibe ich, wie sich die Blockaden als Laufmaschen der Strickerei „Leben" ergeben.
Wenn wir die Blockaden nicht lösen, kann es zur Selbstsabotage kommen. Dann ist unser Leben nicht im Fluss.
Wie ich schon schrieb, es muss nicht so bleiben. Wir haben die Macht, uns zu verändern.

Deshalb:

Werden Sie zu Ihrem exklusiven Geburtshelfer. Dann werden Sie der Designer Ihres Lebens.

Das könnte Ihr lukrativster Job sein. Er ist unkündbar. Er ist unabhängig von Zeit und Ort. Und das Alter spielt keine Rolle.
Und Sie verdienen viel Geld damit. Denn Sie nehmen sich vor, eine Meisterschaft zu gewinnen.
Sie bekommen ein gesundes Selbstwertgefühl und gute Energie, um Ihren tatsächlich erlernten Beruf mit Freude und erfolgreich auszuüben.
Sie können eine glückliche Beziehung führen und Ihren Partner anspornen, dasselbe zu tun.

**Aber: Sie dürfen sich nicht auf Ihren Lorbeeren ausruhen. Das ist die Bedingung. Sie lernen lebenslang.
Und wenn Sie etwas von Herzen gern tun, folgt Ihnen das Glück automatisch.**

Verwandeln Sie Ihre Arbeit an sich SELBST in den Wert, den Sie wirklich haben und werden Sie zu dem, der Sie sein können.

Geht Beziehung ohne Persönlichkeit? Oder Persönlichkeit ohne Beziehung? Verschiedene Glaubenssätze, Blockaden und Selbstsabotagen führen zu einem MANGEL- DENKEN. In diesem Mangel wird man ganz klein und unscheinbar.

Eine Heilung geschieht nicht durch Schönreden oder mit positiven Glaubenssätzen allein.
Erst, wenn wir unsere Persönlichkeit wertschätzen und uns einen Wert geben, erholen wir uns von der KLEINMACHEREI.
Alle Anteile der Persönlichkeit haben einen hohen Wert für uns. Emotionen stehen zum Beispiel nicht über dem Intellekt. Keines von beiden ist weniger wertvoll als das andere.
Es geht darum, dass die Energien fließen können.
Das tun sie, wenn SIE IHRE Blockaden lösen, die Strömung ihren Weg aufnimmt und die Kräfte sich entfalten.
Vergleichen Sie bitte die Kraft eines Staudamms mit dem Potenzial eines Wasserfalls.

Es ist keine Schande, Blockaden zu haben; aber es ist schade, wenn man sie nicht löst.

Was meine Arbeitsweise ausmacht ist, dass ich mich als Psychotherapeutin von der Ursache zur Wirkung hineinarbeite und Ihnen den Ursprung Ihrer Muster bewusst mache.
Wir erkennen zusammen Ihr Geburtstrauma und Ihre Laufmasche in der Strickerei.
Danach beginnt die eigentliche Arbeit und Ihr eigenverantwortliches Bearbeiten dieser Dynamik.
Ich gebe Ihnen also einen zusätzlichen Schlüssel zu Ihrer Dynamik in die Hand. Die Intuition und die Sprache der Seele haben Sie ja bis dahin schon ein bisschen trainiert.

So kann man sagen:

Es ist die Beziehung zu sich selbst und die Entwicklung der Persönlichkeit, durch die Menschen zueinander finden.

Seien Sie mutig: Tun Sie etwas Schöpferisches für sich, erschaffen Sie Wert für andere und für die ganze Welt. Machen Sie diese Erde zu einem besseren Ort.
Danken Sie, dass Sie es dürfen.

Wenn wir nicht erreichen …
was wir eigentlich erreichen könnten.

Zwischenmenschliches

Wir beginnen mit den Blockaden, die in der Interaktion zwischen Menschen entstehen:

- Wie gehen andere mit mir um?
- Werde ich oft kritisiert und verurteilt, obwohl ich das bei anderen nicht mache?
- Geschieht es immer wieder, dass ich verletzt werde, während ich vorsichtig und liebevoll bin?
- Belügt man mich immer wieder, obwohl ich ehrlich bin?
- Werde ich kleinlich behandelt, obwohl ich anderen gegenüber großzügig bin?
- Behandelt man mich respektlos, zurückweisend, erniedrigend, obwohl ich andere wertschätze?
- Und lässt man mich immer wieder warten, während ich selbst pünktlich bin?

Auf diese Weise entstehen Muster und filigrane Spielregeln. Mit diesen Gedanken und Ausführungen können Sie besser verstehen, was uns alle ein Leben lang beschäftigt:

Wie entsteht ein Glaubenssatz?

Ein Beispiel:

Unscheinbar lebt es sich leichter.
Übersetzt: Wenn Du nicht auffällst, eckst Du nicht an.

Dieser Glaubenssatz kann in der Kindheit entstehen, wenn ein Kind erlebt, dass die Eltern wenig Zeit für es aufbringen können. Wenn das Kind oft auf sich allein gestellt ist, bzw. wenn das Kind das so empfindet.
Wenn es dann etwas „Auffälliges" tut, mit dem Finger in den Teig grabscht oder mitkochen will und sich dabei fast die Finger verbrennt, kann es sein, dass die Eltern schimpfen, dass sie das Kind wegschicken usw.

Beim Kind kann sich der Gedanke einschleichen, dass es nicht erwünscht ist, dass es stört und dass es besser verschwinden sollte. Darauf werde ich später noch zurückkommen.

Auf alle Fälle lernt ein Kind, egal in welcher Art und Weise, dass es Einschränkungen im Leben gibt, dass nicht alles möglich ist und dass es sich den Gegebenheiten anpassen sollte, um geliebt und akzeptiert zu werden. Das ist seine Sichtweise.

Ich schreibe über den Alltag zwischen Menschen, über Groß und Klein – mit Stärken und Schwächen – mit gesellschaftlichen Normen und Einschränkungen.

Als Beispiel nenne ich hier die Eltern der Nachkriegszeit. Ich wurde Anfang der 50-er Jahre geboren. Die Väter zu der Zeit hatten im Krieg und in der Gefangenschaft Kriegstraumata erlitten. Die Mütter hatten sich sehnlichst eine Familie gewünscht, nach dem langen Kriegsdarben.
Dann kamen die heißersehnten Kinder auf die Welt, die Traumata der Eltern blieben jedoch. Denn ein Kind kommt nicht als Trost oder Krücke für die Eltern auf die Welt.

Die Kinder fanden unterschiedliche Bedingungen vor, sie mussten „Rücksicht" nehmen. Es ging nicht anders.

So konnten unzählige Glaubenssätze entstehen, von denen ich den Satz, „Unscheinbar lebt es sich leichter" als Beispiel herausnehme.
Zu allen Zeiten gibt es Situationen zwischen Menschen, die Glaubenssätze produzieren, glaubt man nur richtig daran.

In meinen Ausführungen wird ein **roter Faden** ersichtlich sein, der von der Kindheit bis ins Erwachsenenalter reicht.
Ich werde auch auf Themen aufmerksam machen, von denen ich glaube, dass ihnen Beachtung geschenkt werden sollte.

Die Erfahrungen habe ich selbst gemacht oder bei befreundeten Familien beobachtet.
Wichtig: Wir dürfen Fehler machen. Fehler bringen uns weiter, wenn wir uns damit auseinandersetzen.
Problemlösung ist die Aufgabe der Seele, um sich weiterentwickeln zu können.
Tut man es nicht gleich, meldet sich die Seele zu einem späteren Zeitpunkt.

Die Themen in meinem Buch sind:

- Die Entstehung von Glaubenssätzen.
- Wie Glaubenssätze zu Blockaden führen.
- Wie Glaubenssätze und Blockaden zu Selbstsabotage werden.
- Wie viel „sich selbst coachen" möglich und sinnvoll ist.
- Und warum Ihnen professionelle Unterstützung Vorteile bringt.

Ich führe ein Journal. Die Stichworte sind wichtig und wertvoll. Ich gebe sie in diesem Buch an Sie weiter. Führen auch Sie ein Journal. Es bringt Klarheit und Stärke in Ihr Leben.

Ich sprach als Hausärztin mit vielen Menschen, in der Praxis und bei Hausbesuchen.
Ich bin Mutter und war in Krabbelgruppen und Stillgruppen aktiv.

Ich habe viele Jahre unkonventionell Menschen durch das Leben gecoacht. Als Krankenschwester, als Ärztin und als Mensch. Ich liebe es, dabei sein zu dürfen, wenn Metamorphose geschieht.

Ein Glaubenssatz enthält Sorgen. Er suggeriert uns, dass wir etwas nicht können, es nicht schaffen.
In unserem Beispiel ist es die Sorge, aufzufallen und dadurch Nachteile zu erleiden.

Wenn wir den Glaubenssatz loswerden wollen, müssen wir unseren Fokus ändern. Wir richten unseren Blick auf ein Ziel.
Aus Sorgen machen wir ein Ziel.
Das müssen wir natürlich üben. *„Es ist noch kein Meister vom Himmel gefallen."*

Aus dem Glaubenssatz entsteht eine Emotion und dieses Gefühl bildet einen Schmerzkörper.
Wir haben also allen Grund, den Glaubenssatz loszuwerden.
Das Ziel ist, sich vom Schmerzkörper zu befreien und aus dem Ergebnis Nutzen zu ziehen.
Der Nutzen dieser Befreiung ist, dass Sie sich und anderen Menschen Freude bringen.

Haben Sie den Mut, glücklich zu sein! Haben Sie den Mut Fehler zu machen. Denn aus Ihnen lernen Sie mutig zu sein!

Und nun wieder zurück:

In Wirklichkeit beobachtet der Mensch oft verzerrt, mit seinen physischen Augen. Hinzu kommt der Blick durch die Brille, die von erlebten Situationen gefärbt wird. Die rosarote Brille ist ein solches Beispiel.
Daniel Goleman schreibt in einem Buch, wir könnten nur sieben Eindrücke pro Sekunde aufnehmen, von Millionen bis Billionen pro Moment.

Das Gehirn übersetzt das Abstrakte in Geschichten und Emotionen, diese verknüpfen sich im Gehirn mit anderen Geschichten, sodass das Ergebnis individuell ist.
Es entspricht dann nicht mehr der Realität.
Das ist die berühmte ILLUSION. Zugegeben, es ist schwierig zu verstehen. Denken wir doch einfach an die rosarote Brille. Und da ist eine Menge rosarote Illusion dabei. Die Wahrheit ist anders.

Hand aufs Herz: Das haben Sie noch nicht erlebt? Sie begegnen einem wildfremden Menschen. Vielleicht bilden sich Sprechblasen und Bilder im Gehirn. Sie assoziieren, verzerren, fabulieren. Was gehört wirklich zu diesem Fremden?

Wir haben ein Bild. Irgendjemand hat es gemalt. Es ist exklusiv unser Werk. Künstlername ist das ICH.
So entsteht auch das Selbst-Image. Es ist unser Werk. Wir können es restaurieren. Wir steigern seinen Wert durch Arbeit.

Der Sinn unseres Lebens ist, unseren Wert zu erkennen und daran zu arbeiten.
Das nächste Bild: Wir laufen durch die Düne und suchen das Meer. Dünen sind Küstenschutz. Dünen sind unsere Komfortzone.
Doch wir wollen ans Meer. Wie machen wir das Meer sichtbar?

Wir nähern uns in kleinen und großen Schritten dem Meer.
Haben Sie sich schon mal in einer Düne verlaufen?
Ich ja. Damals dachte ich, ich finde das Meer nie.

Wie Khalil Gibran sagt: *„Arbeit ist sichtbar gemachte Liebe.*
Wenn Dir die Liebe winkt, folge Ihr, auch wenn ihre Wege hart sind."
Wenn wir an uns arbeiten, geben wir der Liebe Raum.
Und Liebe ist Wahrheit. Sie ist reine Energie.
Das Meer ist atemberaubend. Es ist Wasser. Es ist Energie.

Wenn wir unsere Komfortzone verlassen, sind wir am Meer.

Wir sehen unsere Möglichkeiten, wir sehen das MEHR.

Der **rote Faden:** Aus Glaubenssätzen werden Emotionen. Gedanken und Verhalten bringen ein Ergebnis.
Wir legen den Fokus auf das nächste Ziel.

Eine Blockade hält uns an einer bestimmten Stelle auf. Wenn wir sie sehen, erfahren wir, was wir besser machen können.
Selbstsabotage ist, wenn wir nicht hinsehen.
Wir werden immer wieder aufgefordert, zu sehen. Bis wir in der Herausforderung eine Chance sehen.
Dann können wir gestalten. Dann sind wir Designer.

So werden wir Schöpfer unseres Lebens, statt Erschöpfte in unserem Leben.

Zugegeben, es ist ein kompliziertes System. Wenn wir nicht aufgeben, kommen wir an das gewünschte Ziel.

Wir lernen lebenslang.

Der **rote Faden:** Am Anfang steht der Gedanke. Die Emotion steht schon bereit. Dann kommt die Herausforderung, die Wahrheit zu sehen.
Im Sand laufen ist anstrengend.

So dürfen Sie, liebe Leser, alles verstehen was ich im Folgenden schreibe. Es sind meine übersetzten Eindrücke; ich lüge nicht, aber ich sage auch nicht die Wahrheit.
Es ist ein Konstrukt, das hoffentlich zur Wahrheit führt.

Es ist die Arbeit des Gehirns, eine beeindruckende Leistung, die von Wissenschaftlern errechnet und bewiesen wurde.
Alle Beteiligten haben Ihre Realität. Die Wahrheit ist unser gemeinsames Gut.

Sprechen Sie mit Ihrem Bruder oder mit Ihrer Schwester und vergleichen Sie das Erleben einer Situation.
Sie werden staunen.

Der **rote Faden:** Wir wissen nun einiges über Glaubenssätze. Wir haben vielleicht schon unseren Hauptglaubenssatz gefunden. Nun machen wir uns daran, zu erkennen, was uns daran hindert, frei zu sein.

2. ERKENNEN SIE IHREN WICHTIGSTEN GLAUBENSSATZ UND IHRE BLOCKADE

Woher kommt der Glaubenssatz?
Wie verwandelt man einen Glaubenssatz in Lebensqualität?
Wie arrangiert man sich mit ihm, wenn er sehr hartnäckig ist?
Was gibt es alles zu beachten?

Das ist natürlich ein weites Feld. Blockaden lösen, in zwei Schritten, in acht Schritten; die Bücherregale quellen über.
Und es gibt einen neuen Job: den Keyword-Analysten

Jeder hat seine eigenen Keywords. Dieses Buch ist ein Schlüssel von meinem Schlüsselbund.
Schauen Sie selbst, ob er zu Ihnen passt.

Wir bleiben bei unserem Beispiel-Glaubenssatz und suchen das Kunstwerk Blockade.

UNSCHEINBAR LEBT ES SICH LEICHTER

Wir sagten, es muss nichts Schlimmes in der Kindheit passiert sein. Es kann einfach daran gelegen haben, dass die Eltern mit sich selbst beschäftigt waren.
Wir sind alle nur Menschen. Wir machen Fehler, wir lernen aus Fehlern. Probleme sind eine Chance, sich zu entwickeln.
Fehler sind wichtig, wenn man sie für sich nutzt.

Glaubenssätze sind nicht immer laut. Es gibt Ablenkungen im Leben. Es gibt glückliche Zeiten, in denen alles stimmt.

Und dann kommt ein Augenblick; wir hören eine Stimme. Sie sagt uns: *„Geh weiter, suche!"*

Die Seele packt die Gelegenheit am Schopf. Sie freut sich, dass es weitergeht. Es war ihr langweilig.
Deshalb lässt sie uns alle Entbehrungen spüren: die Bescherung unserer Blockaden.

Unscheinbar ist nicht mehr angesagt. Es muss weitergehen. Es überkommt uns ein klammes Gefühl.
Es gibt MEHR. Wir wollen mehr.

So beginnt der spirituelle Weg. Spirit deshalb, weil es ein geistiger Weg ist. Wir schreiben MEHR, statt Meer.
Wie nebenbei stellt sich einiges um: die Ernährung, die Schwingungen um uns herum.
Denn wir stellen uns selbst um. Wir kommen auf eine neue Stufe unseres Bewusstseins.

Der Aufstieg kann dramatisch sein, wie Phönix aus der Asche. Er kann sanft sein, still sein. Das ergibt sich von selbst. Es kann schnell gehen, in mehreren Etappen.

Transformation ist das große Fest der Seele.
Die Seele bereitet alles vor, was ihre Gäste brauchen. Und hofft, dass einige für immer bleiben. Und andere nie wiederkommen. Schritt für Schritt tanzt sie mit uns, manchmal Kür, häufig Pflicht. Im Wettkampf und mit Disziplin.

Die Blockaden wirken sich in den verschiedenen Lebensbereichen aus. Fangen wir mit dem Wichtigsten an, mit der Beziehung.

Testen Sie Ihren Umgang mit anderen Menschen

- Kann ich die Liebe, die ich bekomme, annehmen?
- Wie frei kann ich Liebe geben?
- Und wie sieht es mit materiellen Zuwendungen aus?
- Kann ich diese mit einem guten Gefühl annehmen?
- Bei wem fällt es mir schwer, etwas anzunehmen?
- Fühle ich mich dadurch dieser Person verpflichtet?
- Wie leicht fällt es mir, zu geben?
- Kann ich Komplimente gut annehmen? Von wem nicht?
- Warum? Glaube ich, dass ich Lob nicht verdient habe?
- Oder glaube ich, dass die Person nicht ehrlich ist?

Hier zeichnen sich Spielregeln ab. Die Spielregeln aus der Kindheit verwandeln sich zu Spielregeln zwischen Erwachsenen. Wir ziehen Bilanz zwischen Kosten und Nutzen.
Roter Faden: Die Glaubenssätze und Blockaden emanzipieren sich. Sie werden zu SPIELREGELN. Und jetzt kommt es darauf an, wie streng wir sind. Oder wie flexibel wir sind.

Aus dem Glaubenssatz: **UNSCHEINBAR LEBT ES SICH LEICHTER – ein Beispiel –** wird eine spürbare Blockade der erwachsenen Persönlichkeit.
Etwas hält einen fest, hat einen im Griff. Wie eine Handbremse bei laufendem Fahrzeug.

Die Lebensenergie hat nun zwei Möglichkeiten: Sie staut sich an, das Wasser wird trüb und stinkt.
Oder die Energie findet einen Bypass als Entlastung. Schuld und Schamgefühle schleichen sich ein. Es geht so nicht weiter, eine Veränderung bahnt sich an. Erkennen Sie die Impulse der Veränderung. Der Rest geschieht von selbst.
Sie können die Wirkung der Blockade mit einem Staudamm vergleichen.

Stauungen haben ungünstige Folgen für Leib und Seele.

Die Staukraft drückt uns zum Wesentlichen nieder. Wir erkennen in dieser Not die Chance nicht gleich. Aber wir WERDEN uns verändern.

Eine befreiende Meditation:

Nutzen Sie das Bild eines Staudamms als Visualisierung in einer Meditation. Stellen Sie sich vor, der Damm bricht, stellen Sie sich die Urkraft des Wassers vor. Visualisieren Sie die Befreiung. Fühlen Sie sie und bleiben Sie so lang wie möglich in diesem Gefühl. Visualisieren Sie, wie das Wasser zum Strom wird. Wie es sich ausbreitet und zu reiner Energie wird.
Das Wasser genießt seine Freiheit. Sie genießen sie auch.

Roter Faden: Wir gehen wieder ganz zurück, weil es wirklich wichtig ist. Der Glaubenssatz, UNSCHEINBAR LEBT ES SICH LEICHTER. Da war was! Da war was in der Kindheit! Das gehört nicht in die jetzige Zeit.

Legen Sie, wenn es Ihnen Spaß macht, ein Journal an. Machen Sie Ihren eigenen roten Faden sichtbar. Schreiben Sie jeden Tag stichpunktartig das hinein, was Sie den ganzen Tag begleitet. Entwickeln sie Ihre Story.

3. SO VERSTEHEN SIE IHREN GLAUBENSSATZ: UNSCHEINBAR LEBT ES SICH LEICHTER, EIN BEISPIEL ...

Ich beschreibe den Prozess der Verwandlung eines Glaubenssatzes in eine Blockade anhand der Erfahrungen aus den 50 er Jahren.
Was genau war damals eigentlich los? In unserer Kindheit in den 50-er Jahren.

Ich fasse zusammen, um den **roten Faden** wieder aufzunehmen:

Durch die individuelle Platzierung des Menschen nach der Geburt entstehen Verhaltensmuster und Gedankengänge, die das Kind an die bestehenden „Bedingungen" anpasst. Das Kind baut sich einen „NOTFALLKIT". Es verspricht sich, von den Eltern angenommen zu werden. Es will keinen Ärger machen.
Das Kind fühlt sich dann UNBEWUSST nicht angenommen, so wie es ist, sondern so wie es sein soll.

Es entsteht eine Illusion. Diese Illusion ist für das Kind selbst aber keine Illusion. Es erlebt die Situation so. Und das leider ganz anderes als die Eltern, denen die Wirkung ihrer Worte nicht bewusst ist. Sie haben ein anderes Bild, eine andere Illusion. Die Wahrheit liegt objektiv an einer anderen Stelle. Aus diesem Material bildet sich ein Glaubenssatz beim Kind und ein anderer Glaubenssatz bei den Eltern. Bei den Eltern kann es zum Beispiel bedeuten: *„Ich muss immer alles dreimal sagen"*. Oder: *„Nie hört sie oder er mir richtig zu."*

Das Kind glaubt, interpretiert und liest in den Augen der Erwachsenen.

Dieser Vorgang ist wichtig. Es entwickeln sich Spiegelneuronen im Gehirn des Kindes. Und das Kind wird immer wieder die Herausforderung meistern wollen, Spiegelneuronen zu bilden.

Es nimmt alles auf, was ihm angeboten wird. Und es lernt.

Das Kind will nicht mehr krabbeln, sondern laufen, weil es diese Chance wahrnimmt, wenn es die Bezugspersonen laufen sieht.
Ein Kind guckt also ab.
Es soll darin unterstützt werden, damit es sich auf allen Ebenen entwickeln kann. Die Spiegelneuronen leiten eine andere Nachricht weiter, als die, welche das Auge empfangen hat, weil die Verbindungen im Gehirn anders verlaufen als beim Gegenüber. Wir sehen und hören etwas und es geht über die Augen und Ohren zu den Spiegelneuronen, die sich ihrerseits im Gehirn mit anderem Informationsmaterial vernetzen.

Im Leben geht es um: Einstellungen, Lernbereitschaft, Ziele, Motivation, um die innere Kraft, um die Störbarkeit (Gelassenheit, Frustrationstoleranz, Ablenkungsbereitschaft)

Wenn Sie Eltern werden wollen oder
frisch gebackene Eltern sind, befassen Sie sich unbedingt mit dieser Evolution.

Bereits ab dem sechsten Lebensmonat können Säuglinge zum Beispiel Tiere von unbelebten Objekten unterscheiden. Dinge, die sich eigenständig bewegen und ein Gesicht haben, ziehen bei den Kleinen besondere Aufmerksamkeit auf sich. Eine Neugierde, die zu einem Teil in der Evolution begründet liegt und angeboren sein dürfte.

Eltern und zunehmend andere Bezugspersonen, später dann auch Fremde, spielen in der neurobiologischen Entwicklung eine entscheidende Rolle.

Hier neurobiologisch inspirierte Gedanken der Autoren „Roth& Ryba":

Kinder erschaffen sich mit allen Sinnen eine Welt, in der sie lernen und wachsen können. Sie erschaffen sich auch eine Welt, in der Sie träumen können, um Ihr Potenzial zu erforschen.

Das Kind erlernt zweierlei: Wenn es kreativ ist, findet es für sich einen Weg und Verbündete, die ihm dabei helfen und es unterstützen.
Es kann aber auch sein, es lernt, dass es sich in einer bestimmten Weise verhalten muss, um gesehen zu werden.

Hier haben wir wieder das UNSCHEINBARE. Wenn Kinder ihren Platz sanft einnehmen und auf ihre Fantasie zurückgreifen.

Wenn Kinder „in Deckung," gehen, wenn die Situation es erfordert. Wenn sie zum Beispiel erfahren, was Strafe ist. Oder wenn sie einfach nicht beachtet werden, weil die Eltern mit etwas anderem beschäftigt sind.

Der Vorteil der Kinder, die keine Helikoptereltern haben, ist, dass sie eine hohe Beobachtungsgabe entwickeln. Sie können die Welt intensiver erkunden.
Sie beobachten, was möglich ist und was nicht. Kinder können sehr feine Seismografen sein.

Es kann also Folgendes passieren: Das Kind nimmt wahr. Es fabuliert und rationalisiert das Wahrgenommene. Es entsteht ein subjektiver Eindruck von der Situation.
Daran erkennt man die Illusion. Wenn ein Kind etwas wahrnimmt, nimmt ein anderes Kind oder der Erwachsene die gleiche Situation anders wahr.
So entsteht der Glaubenssatz. Der Glaubenssatz wird von Erinnerungen überlagert. Eine Blockade soll dann eine unangenehme Wiederholung vermeiden.
Bei Erwachsenen entwickeln sich die Spiegelneuronen durch Lernen weiter. Mit Vorbildern, die „abfärben". Glaubenssätze können jederzeit so verändert werden, dass sie einem von Nut-

zen sind. Denn, wie Sie in dem bisher Beschriebenen erfahren konnten, „baden" nicht alle Kinder in einer positiven Welt der Fülle und des Erfolges. Die Erwachsenen können aber Fülle und Erfolg aufbauen, indem sie immer wieder einen Zaubertrank zu sich nehmen.

Der Zaubertrank besteht aus:

- Vorbildern
- Guten Büchern
- Unter Menschen gehen und lernen
- Sich Ziele setzen und daran arbeiten

Der **rote Faden**: Der Grundstein für Glaubenssätze wird in der Kindheit gelegt. Das Kind lernt aus den Verhaltensweisen seiner Umgebung. Das Kind passt sich an. Manche Kinder werden auffällig, andere ziehen sich zurück und werden unscheinbar. Das Unscheinbare ist aber nur nach außen hin unscheinbar. Ein solches Kind entwickelt eine hohe Fähigkeit, andere zu verstehen.

4. SO ENTWICKELT SICH IHR GLAUBENSSATZ WEITER. SO FÜHLT SICH EINE BLOCKADE AN.

Ich habe viele Kollegen und einige einschlägige „Bibeln" gelesen. Kurt Tepperwein, „Kausal- Training", „Ein Kurs in Wundern" oder „Das Enneagramm unserer Beziehungen" von Maria-Anne Gallen und Hans Neidhardt und viele andere.
Es waren Hunderte von Büchern. Ich merkte, dass ich etwas suche, wusste aber nicht was. Es trieb meine Nase in die Bücher. Die Bücher fielen mir regelrecht zu. Die Secondhandläden belieferten mich mindestens einmal im Monat üppig. Es war herrlich. Es war eine Leseorgie. Ich schrieb und schrieb, las und lernte.

So entstand mein Wunsch, Klarheit zu dem Thema Glaubenssätze und Blockaden zu schaffen. Ich will Menschen aus dieser Sackgasse helfen. Und das kann ich, weil ich selbst damit Erfahrungen gesammelt habe, an mir selbst und mit meinen Klienten zusammen.

Damals lernte ich auch zu meditieren und verspürte den Drang, mich mit Gleichgesinnten zu verbinden.

Drei Bücher nutze ich als intuitives Nachschlagewerk für eine Antwort des Tages. Das inspiriert.

Am Ende dieser Zeilen werde ich eine Zusammenfassung meiner Lektüre schreiben. Viele Bücher habe ich verschenkt.

Mögen sie für die Beschenkten ein guter Ratgeber sein.

Suchen Sie überall nach Büchern, geben Sie in Google oder Amazon Schlagwörter ein. Auf Amazon haben Sie den zusätzlichen Vorteil, Bücher in verschiedenen Preisklassen zu finden und so auch auf Gebrauchtes zu stoßen.

Legen Sie sich die Bücher zu, die Sie vom Titel her ansprechen. Auch wenn Sie sie dann nicht gleich lesen. Es kommt der Tag, an dem Sie bemerken, dass Sie genau dieses Buch brauchen.

Fassen wir also im **roten Faden** zusammen: Der „Notfallkit", die Anpassung des Kindes an eine Situation, kann zu einem Glaubenssatz werden. Damit wir glauben können, brauchen wir Beweise. „Ich schaffe es ja doch nicht" wird bewiesen durch das Scheitern in einer Aufgabe. Den negativen Glaubenssatz können wir in einen aufbauenden fruchtbaren Satz verwandeln, wenn wir neue, wahre Beweise finden. Wenn wir also den ursprünglichen Glaubenssatz erkennen und ihm neue positive Beweise liefern, kann der alte losgelassen werden.

Im Erwachsenenalter kann der Glaubenssatz eine Blockade auslösen. Der Erwachsene will damit ein schlechtes Gefühl vermeiden. Ein Ereignis der Gegenwart triggert Erinnerungen und schlechte Gefühle mit dem aktuell notwendigen Handlungsimpuls.

„Unscheinbar lebt es sich leichter" ist demnach eine schützende Strategie.
Da aber schon der erste Eindruck eine Illusion war, passt die aktuelle Vermeidung nicht zu der jetzigen Herausforderung. Sie wirkt hemmend.
Das Potenzial eines Menschen wird gedrosselt. Es entsteht ein energetischer Stau. Eine Blockade setzt dann die Vermeidung aktiv um.
Irgendwann muss der Staudamm brechen.

Wenn der Damm standhält, entstehen Bypässe, wie man sie aus der Prävention von Herzinfarkten kennt.

Bypässe sind Weichen in der seelischen Natur oder im Körper. Die Energie bahnt sich immer einen Weg. Das ist alles nicht so leicht zu verstehen, weil die sogenannte „Illusion" verwirrend ist.

Bleiben Sie dran. Hören Sie sich zu. Erkennen Sie die Sprache Ihres Körpers. Es wird eventuell psychosomatisch.

Warum? Weil sich unmerklich Schuldgefühle einschleichen. Weil wir schon länger einen Rucksack mit uns herumschleppen. Schuldgefühle vergiften das System.

Testen Sie sich weiter

- Arbeite ich in dem Beruf, in den meine Berufung mich gerufen hat?
- Kann ich mich beruflich frei entfalten?
- Und bekomme ich Lob, Anerkennung und Wertschätzung?
- Fühle ich mich wohl in meinem Team?
- Oder werde ich gemobbt?
- Und vielleicht sogar dominiert, manipuliert? Und vieles mehr.
- Gehe ich gern zur Arbeit?
- Bin ich stolz auf meinen Beruf?

Sie verstehen, worum es geht. Es geht ans „Eingemachte". Es geht darum, ob wir saure Gurken eingelegt haben oder ob wir leckere Marmelade eingekocht haben.
Natürlich schmecken saure Gurken gut, aber in einer Kombination mit anderen Lebensmitteln.

Wir sind hoch emotionale Wesen. Wir verzerren Wahrnehmungen, rationalisieren und alles wird auf der Festplatte Gehirn gespeichert.
Die Bilder überlappen. Wir bekommen eine völlig neue und subjektive Wahrheit.

Eine Eigenart dieses Phänomens: Es gibt Menschen, die den Schutz der Blockaden „brauchen". Sie sind hoffnungslos, verzweifelt und finden keine Lösung. Scheinbar kann ihnen niemand helfen. Es kommt unter Umständen zum „Ärzte-Hopping", weil die Ärzte auch keine Lösung finden. Diese tiefsitzenden Blockaden können mit professioneller Hilfe gelöst werden, um Linderung zu verschaffen. Später findet auch der „psychosomatische" Patient seinen Weg. Er muss nur durchhalten.

Auf eine Partnerschaft übersetzt: Es kann durchaus sein, dass man vom Partner nur dann gesehen wird, wenn es einem nicht gut geht. Und dann benutzt man Schmerzen und Symptome, um Hilfe und Aufmerksamkeit zu bekommen. Wenn man diese Spielregel erkennt, kann die psychosomatische Blockade aufgelöst werden.

5. WIE GEHEN SIE NUN MIT IHREM GLAUBENSSATZ UM?

Im Ernst, was machen wir mit diesem Ding – keiner freut sich, wenn er von einem Glaubenssatz manipuliert wird. Oder in seinem Handeln eingeschränkt ist.

Ich habe Ihnen im Buchtitel versprochen, dass Sie ein Must Have-Ziel bekommen.

Das wäre dann mit der Modewelt gesprochen: Wie schaffen Sie es, aus einer Blockade Fashion zu machen?
Es ist unsere Aufgabe, die Laufmasche beim Stricken aufzunehmen. Es kommt nun darauf an, das alte Etikett abzunehmen und durch etwas Großes zu ersetzen.

Wir haben die Macht, kreativ zu sein und einen sensationell modischen Pulli zu entwerfen. Einer, an dem die Laufmasche zu Fashion wird. Und wir haben die Macht, diesen emotionalen Komplex von Grund auf zu verändern. Wir können unsere Emotionen kontrollieren.

Roter Faden: Wir sind fröhlich und ernsthaft durch das Leben gegangen, wir sind vielen Menschen begegnet. Wir haben viel gelernt. Wir haben das Fundament für das weitere Leben als Erwachsener gelegt. Die Laufmasche verwandeln wir in Fashion.

Wie geht das? Das ist einfacher als Sie denken. Wirklich. Wenn Sie das Fabulieren, Verzerren und Rationalisieren durchschauen, geschieht etwas Unerwartetes mit Ihnen.

Sie werden aufmerksam. Sie wollen Klarheit, Sie wollen sortieren. Sie entwerfen ein Label, das sie direkt auf die aufgehobene Laufmache platzieren.

Und dafür sind Sie bereit, zu lernen. Das geht einfach in vier Schritten:

- Schreiben Sie Ihre Sorgen auf.
- Akzeptieren Sie sich so wie Sie sind. Machen Sie sich selbst eine Liebeserklärung im Spiegel.
- Schreiben Sie auf, wie sich die Blockade anfühlt. Denken Sie dabei nicht an früher.
- Notieren Sie welchen Nutzen Sie aus der Lösung einer Blockade ziehen könnten. Wieviel ist Ihnen das Wert?

Was wäre der Nutzen eines neuen Ziels? Was wollen Sie ohne die Blockade erreichen?
So können Sie Gedanken für Gedanken durchgehen. Das Ziel soll den höchsten Wert darstellen, den Sie sich vorstellen können. Sie sind enttäuscht, weil es so einfach ist? Wir sprachen zu Beginn von der Illusion. Die Erkenntnis aus den vorstehenden Zeilen: das Wiedergutmachen IST KEINE Illusion.
Und nun zum Ziel: Es soll eine Herausforderung sein. Eine Meisterschaft. Etwas, was Sie so richtig puscht!
Ihr Ziel ist nun ein echtes MUST HAVE. Freuen Sie sich drauf.

Warum nochmal, ist das Aufgeben eines Glaubenssatzes oder einer Blockade im Endeffekt einfach?
Weil wir bewusster geworden sind, weil wir Erfahrungen gesammelt haben. Wir haben Zusammenhänge erkannt. Wir kennen unseren neuen Fokus. Wir wollen ans Ziel kommen.

Was wir noch nicht hatten ist, eine Fashion-Week. Einen Laufsteg. Wir haben das Kleidungsstück, trauen uns aber noch nicht, Applaus anzunehmen. Sie erinnern sich an den Glaubenssatz, dass Sie es nicht verdient haben. Dieser Glaubenssatz ist sehr hartnäckig. Das ist der Grund, warum wir an uns hart arbeiten und durchhalten müssen. Damit wir es uns verdienen, damit wir es uns wert sind. Und damit wir den alten Glaubenssatz loslassen.

Der Designer sind Sie, also müssen Sie sich selbst groß rausbringen. Kein anderer kann das für Sie tun.

Sie stehen selbst in der Verantwortung. Sie haben die Macht eines Schöpfers. Und das Know How eines Designers.

Der **rote Faden:** Wir haben begriffen, dass wir designen können und dass wir Macht über unsere Gedanken haben. Wir erkennen unsere Spielregeln. Bisher haben wir nur die Spielregeln des anderen erkannt.

Wir nutzen unsere Erfahrungen. Wir wissen, dass ein nächster Kraftakt ansteht. Alles natürlich nach und nach. Manchmal im Zeitlupentempo.

Schauen Sie sich Ihre Beziehungen an. Wie agieren Sie nun? Welche Glaubenssätze können Sie fallen lassen?

In Beziehungen wiederholen wir die Muster, die wir in der Kindheit gelernt haben. Wenn wir bisher unscheinbar lebten, wollten wir nicht anecken.
Unscheinbare haben dezente Regeln; es gibt aber auch provozierende Regeln.
Wenn Sie Ihre Blockade erkannt haben, ist das eine große Umstellung. Die Situation verändert sich.

Unscheinbar sein, ist nicht fair sich selbst gegenüber. In Beziehungen entsteht Reibung. Die Rollen ergänzen sich nicht mehr.
Befreien Sie Ihren Partner von seiner Verantwortung, Ihre Rolle aufrechterhalten zu müssen.

Das Loslassen geht Schritt für Schritt. Jeder geht den Weg auf seine Weise.
Das Überwinden eines Abschnittes kann sehr schmerzhaft sein. Man hört die Stresshormone in den Adern rauschen.

Danach kommt eine befreiende Erschöpfung. Man sollte sich in dieser Zeit schonen und pflegen. Das Leben wird in dieser Zeit zur Reha-Maßnahme.

Überprüfen Sie die bisher benutzten Spielregeln. Wie war die Rollenverteilung bisher? Haben Sie Ihr Gegenüber zum Designer IHRES Lebens gemacht?

Das wäre sehr anstrengend für Ihren Partner. Das können Sie ändern.
Wenn es in einer Beziehung nicht funktioniert, muss die Konsequenz nicht unbedingt Trennung sein. Lassen Sie sich auf Ihre Spielregeln ein. Lassen Sie sich professionell helfen. Bringen Sie Ihre Spieregeln mit denen Ihres Partners zusammen und in Einklang.

Der **rote Faden** zeigt, dass verfestigte Glaubenssätze und Blockaden als Spielregeln in die Beziehung einfließen, und dass wir aktiv werden müssen, um uns zu verändern.

Wenn wir diesem Thema mit Passion nachgehen, kommen wir in die Transformation und in die emotionale Freiheit.
Das ist der Sinn der gesamten Aktion „Leben". Wir lernen und lernen, wir wachsen wir hören nie auf, zu lernen. Und wir tun das konstant, damit wir unser ganzes Potenzial entfalten können. Denn wir sind größer als wir es uns vorstellen können.
In uns steckt viel mehr. Wir erkennen durch die Bearbeitung dieser Dynamik, wie wertvoll wir sind, und was es noch zu entdecken gibt. In uns und beim anderen.

Der **rote Faden** hält also in unseren Beziehungen Einzug, um uns Fashion beizubringen. Und Fashion braucht den Laufsteg und die Spielregeln.

Selbstverständlich haben auch berufliche und freundschaftliche Beziehungen Spielregeln und wir können daraus lernen.

In diesem Buch bleibe ich aber der Einfachheit halber im Bereich der Partnerschaft, speziell in den Beziehungsphasen. Auch das Single-Dasein hat hier seine Berechtigung. Denn es gibt auch hier Spielregeln, die zu dieser Lebensform beitragen.

Und es geht immer um das Denken, Fühlen und Handeln. Was bedeutet das? Wir entscheiden uns, wie wir leben wollen. Mit einem Partner, verheiratet, lose liiert, in einer Affäre, im Rückzug, mit oder ohne Kinder. Oder wir machen Karriere, wir bilden uns weiter, wir lassen uns treiben oder entscheiden uns aktiv. Jeder bekommt das, was für ihn vorgesehen ist.

Nein, wir werden nicht vom Leben bestraft oder von jemandem benachteiligt.

Wir bekommen immer wieder eine neue Herausforderung, die es zu meistern gilt, damit wir uns entwickeln können.
Und wenn wir eine Situation gemeistert haben, kommt das nächste Problem. Und wünschen Sie sich bitte ein größeres Problem, damit Sie im Leben immer etwas zu tun haben.

Denn Ihren Fashion-Pulli müssen Sie nicht nur tragen, Sie werden stolz sein, wollen auf ihn. Sie werden gehen und ihn stolz präsentieren. Sie werden auf dem Laufsteg brillieren wollen.
Das ist Leben.

Gewissermaßen wachen wir auf, denn bis dahin waren wir mit vielen Dingen beschäftigt, die sich eher um äußere Veränderungen drehten und um die Sicherung des Lebensraums, in dem wir leben wollen. So manch einer entscheidet sich für ein Leben im Ausland, ein anderer nimmt sich vor, so zu bleiben wie er ist. Er will vor sich hinleben.

Auch der Obdachlose wählt seinen Weg selbst und hat eine plausible Erklärung dafür. Ich habe mit Obdachlosen darüber gesprochen. Die meisten haben ihre Argumente und stehen zu Ihren

Glaubenssätzen. Und sie erschaffen sich ihre eigene Welt. Eine Welt, in der sie sich wiederfinden.

Was bedeutet aufwachen? Wir erkennen, was wir erreicht haben, wir ahnen, was wir noch erreichen können. Wir spüren Kräfte, die sich dagegen wehren. Aber auch Kräfte, die den alten Damm aufbrechen wollen und es auch können.

Während das Leben bei einigen Menschen in normalen Bahnen verläuft, (denken wir) und in der Abfolge so ziemlich unproblematisch erscheint (weil sich die Seele aus irgendeinem Grund später melden möchte.), tauchen andere, mit allen Sinnen gleichzeitig in die schicksalhaften Turbulenzen. Da ist die Palette der Ereignisse unüberschaubar.

Ich kann hier nur einen Ausschnitt wiedergeben, schmale Sequenzen, wie in einer Slideshow, was zu welchem Zeitpunkt bei einigen Menschen, die mich umgaben, ähnlich verlief.

Der **rote Faden:** Die Glaubenssätze und Blockaden waren während der beruflichen Orientierung und Familiengründung da, sie wurden aber durch andere wichtige Themen übertönt. In dem Moment, in dem wir die berufliche Laufbahn starten und die Familie da ist, melden sich die Blockaden, denn die Seele will frei sein und sich entfalten. Diese Phase werden Sie leicht schaffen, denn der Treiber ist wundervoll stark: Ihre Familie, Ihre Kinder, Ihr Partner.

Es gibt auch Menschen, die diese Chance nicht wahrnehmen können. Sie werden Hilfe brauchen, und sie werden es zeitversetzt auch schaffen. Ich habe schon vielen Menschen helfen können und habe auch meinen Weg geschafft. Auch Sie schaffen es!

Machen Sie in dieser Phase eine Bestandsaufnahme Ihrer Glaubenssätze und Blockaden. Schreiben Sie fleißig in Ihrem Journal.

Kümmern Sie sich um jedes dezente Zeichen um Sie herum, nehmen Sie auch die körperlichen Signale wahr.

Es geht also um weitere Bereiche der Persönlichkeitsentwicklung und die Glaubenssätze und Blockaden werden auch erwachsen. Gedanken sind im Grunde genommen neutral. Durch Glaubenssätze geben wir Ihnen eine Bedeutung. Und in diesem Sinne bekommt alles, was wir denken und fühlen, eine Bedeutung. Und wir handeln dann entsprechend danach. Deshalb können wir uns auch verändern. Und neue stützende Pfeiler aufbauen.

Testen Sie sich weiter zu den Einflüssen auf Ihren Körper, die Sie blockieren.

Was sagt unser Körper in dieser Zeit?

Körperliche Blockaden können sich auf verschiedene Art und Weise zeigen. Fragen Sie sich:

- Wie geht es meinem Körper?
- Und wie fühle ich mich damit und darin?
- Wie reagiert er unter Stress?
- Und wie reagiert er, wenn ich Angst, Wut oder Hass empfinde?
- Wie reagiert er, wenn ich das, was ich eigentlich sagen möchte, nicht offen ausspreche, sondern in mich hinein schlucke?
- Oder wie reagiert mein Körper, wenn ich in meinen Beziehungen unglücklich bin?
- Wie reagiert er, wenn ich mich überfordert fühle?

Oder bei Verspannungen:

- Wo bin ich verspannt?
- Meist sind unsere Verspannungen uns so vertraut, dass wir sie als völlig normal empfinden. Aber das sind sie nicht. Sondern sie sind ein deutliches Zeichen für energetische Blockaden.

- Wenn du einen Korkstöpsel unter Wasser hältst und loslässt, dann wird er zur Oberfläche hochstreben. So passiert es auch mit dem inneren Druck.
- Oder: Wenn du einen Schwamm zusammendrückst und den Druck wieder loslässt, dann wird er seine ursprüngliche Form wieder einnehmen.
- Genauso wird deine Muskulatur sich entspannen, wenn du es ihr erlaubst. Denn kein Muskel mag es, auf Dauer unter Spannung zu stehen.
- Verspannungen, die du nicht bewusst wahrnimmst, betreffen jedoch nicht nur deine Muskeln. Sondern alle inneren Organe, deren Steuerung unbewusst geschieht. Glücklicherweise, denn sonst würden sie wohl nicht so funktionieren, wie sie es trotz mancher Störungen ständig tun.
- Ein Beispiel ist die chronische Gefäß-Verengungen. Und diese ist zu einem großen Teil für den mittlerweile zur Volkskrankheit gewordenen Bluthochdruck verantwortlich.

Schmerzen und Krankheiten:

- Wo in meinem Körper habe ich Schmerzen?
- Welche Funktionen in meinem Körper sind gestört?
- An welchen Krankheiten leide ich?

Körperliche Blockaden in Form von Süchten

Und weiter kannst du dich fragen:

- Unter welchen Süchten leide ich?
- Oder wovon bin ich abhängig?
- Auch hier spielen Blockaden eine wesentliche Rolle. Und diese gilt es zu erkennen, damit sie sich lösen können.

Blockaden festhalten im Körper

Interessant mögen auch Fragen sein wie:

- Was halte ich in meinem Körper fest, beziehungsweise zurück?
- Leide ich unter Nieren- oder Gallensteinen?
- Sind meine Blutgefäße verkalkt?
- Begleiten mich Hautunreinheiten?

Die gestaute Energie sucht Ihren Ausweg im Körper.
Zu verstehen, dass es nicht um Schuld geht, sondern um das Lernen, fällt einem extrem schwer. Immer wieder plagt einen ein unendlich schlechtes Gewissen, wenn man andere beschuldigt oder verantwortlich macht, obwohl es uns klar ist, dass man das auf keinen Fall will.

Wenn wir die Schuldfrage nicht ausreichend verarbeitet haben, beginnen wir Schuld bei uns selbst zu suchen.
Zunehmend können Vorstellungen nicht das gewünschte Resultat bringen. Wir funktionieren nicht mehr richtig.

Es entsteht ein Ungleichgewicht, das immer imperativer nach einer Lösung verlangt.

Dann gibt es mindestens drei Wege:

- Wir bleiben wie wir sind und um einigermaßen kompensiert zu leben, ziehen wir den negativen Ersatz- Nutzen in unser Leben. Wir gehen dann psychisch in die Opferrolle. Wir haben dann aber eine gute Erklärung dafür. Denn wir wollen keine Verlierer sein. Achtung, hier sitzt aber eine hochexplosive Schuldproblematik mit im Boot.
- Wir nutzen den Glaubenssatz auf körperlicher Ebene, wir übersetzen ihn, in ein Symptom. Dies kann verheerende Folgen haben, zum Beispiel kann es zu einer wahren Krankheits-Odyssee kommen.

- Wir beginnen mit der Veränderung. Wir ziehen den Nutzen der Dynamik in unser Leben und machen was draus. Wir lernen, uns zu lieben und wir transformieren. Zuerst um unserer selbst Willen, dann auch, um mit anderen besser zu leben. Und dann merken wir, dass wir einen wichtigen Beitrag für unsere Welt leisten können. Denn unsere Wirkung wird in der Familie spürbar. Und wir können Vorbild sein für unsere Kinder und andere Menschen.

Der **Rote Faden:** Wir kommen an eine Kreuzung unseres Lebens, an der es mindestens drei Abzweigungen gibt. Wir treffen die Auswahl, die wir umsetzen können.

Die Abzweigung, die gerade dran ist, finden Sie meist mit einem Menschen heraus, der etwas davon versteht. Es soll ein Mensch sein, dem Sie vertrauen können.

Die Kreuzung ist ein Meilenstein auf dem Lebensweg. Die Seele hat sich mit dieser Aufgabe an Sie gewandt. Sollten Sie noch nicht in der Lage sein, eine „richtige" Entscheidung zu treffen, warten Sie noch. Ihre Seele meldet sich später noch einmal bei Ihnen.

Denn es gibt kein richtig oder falsch. Es gibt nur Lernen und Wachsen.

An dieser Stelle möchte ich die Tipping- Methode erwähnen, mit der ich arbeite. Die Methode der „Radikalen Vergebung". Sie werden sich selbst und anderen vergeben können.
Auch wenn Sie das am Anfang nicht glauben können.

Ich schreibe im Folgenden die Fragen zu den mentalen Funktionen und den Emotionen, bezogen auf die Blockaden, auf.

Sie können diese Fragen und auch die, die ich Ihnen bisher aufgeschrieben habe, separat durcharbeiten. Schreiben Sie auch den

Glaubenssatz daneben. Mit Geduld, konsequent und der Reihe nach. Es eilt nicht.

Testen Sie weiter.

Blockaden in den mentalen Funktionen:

- In welcher Situation/mit wem fließt meine Kommunikation nicht so, wie ich es mir wünsche?
- Wie steht es um meine Konzentration?
- Um mein Gedächtnis?
- Wie ist mein Kurzzeit- und wie mein Langzeitgedächtnis?
- Was von dem, was ich kann, lebe ich (noch) nicht aus?
- Und was von dem, was ich bin, setze ich (noch) nicht um?
- Worüber möchte ich die Kontrolle nicht verlieren?

Ihre Emotionen und Ihre Blockaden:

- Wie frei lebe ich meine Emotionen aus?
- Nehme ich wahr, wie ich mich aktuell jeweils fühle?
- Und kann ich das auch ausdrücken?
- Kann ich voll und ganz zu meinen Emotionen stehen?
- Oder unterdrücke ich sie?
- Welche sind meine Schattenseiten?
- Und, habe ich die Tendenz, mich in negative Emotionen hineinzusteigern?
- Bleibe ich länger als es mir gut tut in meinem Ärger hängen?
- Habe ich Mitleid mit mir selbst und verharre ich öfters darin?
- Halte ich meine Ängste fest?

Welche Blockaden verhindern Ihre Persönlichkeitsentfaltung?

- Welche Hindernisse gibt es (vielleicht auch nur scheinbar) derzeit auf dem Weg zur Erfüllung meiner Wünsche und Ziele?
- Welchen nächsten Schritt/welche nächsten Schritte vermeide ich?

- Und welchen Traum tue ich als nicht realisierbar ab und finde Argumente und Ausreden?
- Wer ist dafür verantwortlich?
- Und, welche Möglichkeiten gibt es, diese Hindernisse zu überwinden?
- Und was hindert mich daran, dieses Wissen umzusetzen?
- Und was habe ich davon, wenn ich an diesem Punkt meiner Entwicklung stehenbleibe?
- Wenn ich noch drei Leben zur Verfügung hätte, was würde ich in jedem von ihnen tun?

Und weiter
Lähmende Ängste bilden Blockaden.

- Welche drei Dinge würde ich gern tun, wenn ich keine Angst hätte?
- Welche meiner Charaktereigenschaften könnten unbewusst zu meiner Angst beitragen?
- Kann ich es nicht? Oder will ich nicht?
- Fühle ich mich abhängig von anderen Menschen? Oder machen andere mich abhängig?
- Vielleicht verschafft mir meine Ängstlichkeit Aufmerksamkeit und Zuwendung?
- Welches falsche Bild von mir und meinen Fähigkeiten halte ich damit aufrecht?
- Und, hindert mich der Anspruch, immer perfekt zu sein, daran, etwas Neues zu versuchen? (wichtig!)
- Was könnte ich bei einem Versuch verlieren? Was würde da passieren?
- Wenn diese Angst in einem gewissen Stadium meines Lebens angemessen war, welchem Zweck hat sie damals gedient?
- Habe ich dieses oder jenes in jüngeren Jahren auch schon versucht und dabei versagt?
- Wenn ja, hat die nachfolgende Entwicklung und Erfahrung mich darauf vorbereitet, JETZT Erfolg zu haben? Habe ich also etwas daraus lernen können?

Wie wirkt sich das Mangeldenken auf Ihr Selbstwertgefühl aus und welche Blockaden entstehen dadurch?

Hier können alle Bereiche eingebracht werden, in denen Sie Schuldgefühle verspüren.

- Was können Sie über Ihr Selbstwertgefühl sagen?
- Fühlen Sie sich oft einsam, auch unter vertrauten Menschen?
- Fühlen Sie sich manchmal niedergeschlagen? Leiden Sie unter depressiven Verstimmungen?
- Haben Sie das Gefühl, dass Sie sich manchmal selbst sabotieren?
- Möchten Sie eine Liste von Dingen aufschreiben, bei denen Sie wissen, da wäre mehr gegangen?
- Weitere Blockaden entstehen durch
- Die Unfähigkeit, sich selbst zu verzeihen
- Dingen nachzuhängen, an denen Sie im Nachhinein nichts ändern können
- Vielleicht gibt es Dinge, die Sie sich nicht verzeihen können.
- Tragen Sie sich vielleicht etwas von früher nach?
- Wieviel Macht geben Sie anderen Menschen in Ihrem Leben?
- Was wiederholt sich in Beziehungen?
- Ziehen Sie bestimmte Personentypen an?
- In Gegenwart welcher Menschen fühlen Sie sich ungeliebt, niedergeschlagen und unterdrückt?
- Kennen Sie das Kleinmachen?
- Wer hindert Sie an Ihrer Weiterentwicklung?
- Lassen Sie es vielleicht nicht zu? Warum?

Depressive Verstimmungen drücken zum Wesentlichen nieder. Bekämpfen Sie sie nicht. Beruhigen Sie sie.
Suchen Sie auf Google. Geben Sie die Begriffe Schuld, schuldig sein, ein. Schauen Sie wie viele Ergebnisse Sie bei der Suche finden. Das zeigt Ihnen, wie andere Menschen zu diesem Zeitpunkt des Lebens mit Problemen und mit der Schuldfrage umgehen. Sie finden Gleichgesinnte, die sich diese Fragen auch stellen. Sie finden Psychologen und

Therapeuten, die sich auf diese Themen spezialisiert haben und ihre Erkenntnisse mit Ihnen teilen wollen.

Denn eins ist sicher, wir wiederholen unsere Muster solange, bis es einfach nicht mehr geht. Oder bis wir die perfekte Lösung gefunden haben.
Perfekt für Sie, denn keiner kann Ihr Leben so gestalten, wie Sie selbst. Werden Sie also zum Schöpfer, zum Designer, zu dem Menschen, der sich auf den Laufsteg des Lebens traut. Seien Sie stolz auf sich.

Vergessen Sie nicht. Das nächste größere Problem bringt sie Sie auf der Karriereleiter als Designer noch weiter!
.

Um auf unser Glaubensbeispiel zurückzukommen, wir bleiben unscheinbar und in eine Box gepresst, bis wir erwachen und unser gesamtes Potenzial erkunden. Und dabei etwas riskieren.
Wir dürfen Fehler machen.
Wir müssen nicht perfekt sein.
Und wie Sie vielleicht selbst schon feststellen, der Weg dahin ist kein Drama. Er ist anstrengend, ja.
Der Weg lohnt sich.

Der **rote Faden:**
Aus der Blockade in die Meisterschaft, mit Hilfe eines kraftvollen Glaubenssatzes, das ist unser Must Have.

Zusammenfassung des roten Fadens:

Der Glaubenssatz ist eine mentale Verankerung. Er stört das freie Handeln. Wir bleiben in der Illusion gefangen. Die Illusion ist dann aber doch keine Illusion. Eine Triggerung geschieht durch Erinnerung an die ursprüngliche Verletzung. Wenn wir den Ursprung kennen, erkennen wir die Wirkung der Blockade. Wir haben die Macht, uns zu verändern. Das Leben gibt uns diese Chance.

6. WELCHEN WEG KÖNNEN SIE WIE SAGA LUMINA GEHEN?

Dieser Weg ist deshalb probat, weil ich ihn selbst gegangen bin und immer noch gehe. Weil ich meiner Persönlichkeit einen Namen gegeben habe.
Saga Lumina.

Die Wege in die emotionale Freiheit sind so unterschiedlich wie Menschen es sind. Das bedeutet, dass jeder ein eigenes Navigationssystem hat, neben dem Welt-Navigationssystem. Wenn das GPS ausfällt, kann man sich an bekannten, probaten Wegen orientieren, bis das Navi das für uns Richtige empfangen und senden kann.

Wenn Ihre Persönlichkeit Formen annimmt, werden Sie IHREN Weg authentisch gehen.

Geben Sie sich dann einen Gewinner-Namen. Sie werden sehen, Sie finden den richtigen Designer-Namen für sich selbst.

Lebenskünstler machen das so.

Wir sind alle hoch emotionale Wesen – lernte ich nicht zuletzt von meinem Coach.
Und wie ich schon beschrieb, ist es nicht schwer, seine Emotionen zu erkennen. Wir können Sie sogar nachvollziehen und immer besser einschätzen.

Die Emotionen können wir in die gewünschte Richtung lenken. Wir können Gedanken kontrollieren, um aufbauende Glaubenssätze als modernen Staudamm zu erschaffen.

Als Beispiel nenne ich hier die psychosomatische Erkrankung. Der Patient wählt seine Richtung.

Sie heißt Leid und Krankheit. Das ist eine Gratwanderung.

Auf diesem Weg bleiben ihm wichtige Anstrengungen erspart. Aber der Patient bleibt bei dem „Blick aus der Box". Und er fühlt sich in seiner Illusion verstrickt und gefangen.

Eine Besonderheit der psychosomatischen Situation ist, dass der Leidende scheinbar gratis Zuwendung bekommt. Doch er bezahlt die Aufmerksamkeit mit seiner Gesundheit.
Mit seiner Lebensqualität.

Ein Teufelskreis in der Medizin, der schwierig zu durchbrechen ist. Diese Erfahrung machte ich als Hausärztin und Psychotherapeutin.

Wenn der Patient den entsprechenden Partner hat, der ein „Puzzle in Puzzle-Spiel" mitspielt, entsteht Mitleid statt Mitgefühl. Im Mitleid verfängt sich der Partner als co-abhängig im psychosomatischen Netz. Mitgefühl erfordert helfende Distanz. Oder der Partner hat ein Helfersyndrom.
Die Situation bringt die Partner nicht weiter. Sie werden einen neuen Meilenstein angehen müssen. Und sie werden sich Ihrer Aufgabe stellen müssen.

Eine kurze Zusammenfassung des Saga Lumina Selfmade Coachings:
Das Einsteiger-Coaching, für die Leser, die es zu Beginn selbst probieren wollen. Die Word-Dateien sind so konzipiert, dass Sie selbst mit einem Tagebuch und einem Arbeitsbuch die Themen bearbeiten. Sie schicken mir per E-Mail eine Zusammenfassung der Aufgaben, ich bearbeite wichtige Punkte und melde mich zurück.
Am Ende können wir ein abschließendes Gespräch führen.

Saga Lumina SELFMADE PROGRAMM

Ein Einzelseminar, in dem Sie einen Plan und Anleitung bekommen. In wichtigen Schritten werden Sie von mir begleitet.

Bearbeiten Sie folgende Punkte.
Sie können auch eigene Ideen einbringen, wenn sie diese für sinnvoller halten. Sie sind ein Individuum und haben das Recht, individuell zu entscheiden. Bitte legen Sie ein Journal an. Kommen Sie sich vor wie in der Schule, wenn Sie zu Hause die Hausaufgaben machen „müssten".
Ihre Seele freut sich darauf.

A. Geben Sie Ihren IST-Zustand an.
Beschreiben Sie ihn mit eigenen Worten. Was ist gut und was ist schlecht, was wollen Sie nicht mehr haben.

1. Wie denken Sie darüber?
2. Was fühlen Sie dabei?
3. Wie IST Ihr Verhalten dadurch?

Es gibt keinen WAR-Zustand, da wo Sie jetzt stehen, da SIND Sie in Ihrer Realität. Es gibt auch keinen SOLL-Zustand, denn Sie SIND in Wahrheit schon der, der Sie wirklich sind. Sie sind PERFEKT, so wie Sie sind. Sie können durch dieses Coaching der Beste werden, der Sie sein können.

B. Geben Sie Ihr Ziel ein.
Beschreiben Sie ohne „Wenn und Aber", ohne „Das kann, das schaffe ich nicht". Wie wollen Sie sein? Wie erreichen Sie Ihrer Meinung nach, dieses Ziel am besten?
Sie werden nach diesem Training, der sein, der Sie wirklich sind.

1. Visualisieren Sie diesen neuen Zustand, erleben Sie ihn in Ihrem Wachtraum.
2. Schreiben Sie auf, was Sie dabei fühlen.

3. Wie würde sich Ihr Handeln verändern, wenn Sie dies und jenes loslassen könnten?

C. Der Weg
Schreiben Sie auf, welche Möglichkeiten Sie haben.
Visualisieren Sie diesen Weg:

Beschreiben Sie Ihr Equipment

- Ihre Wanderschuhe
- Ihren Rucksack
- Ihre Wanderkleidung

Wo und wie möchten Sie laufen?

- Direkt, ohne Umwege
- Sie verweilen gern länger in der Natur
- Sie meditieren gern oder Sie wenden andere Techniken an

Visualisieren Sie Ihre Möglichkeiten:

1. Was denken Sie über Ihren Weg?
2. Was fühlen Sie bei der Visualisierung?
3. Wie werden Sie handeln?

D. Die Transformationsphase beginnt
Thematisch wird sich die Bearbeitung folgender Themen ergeben

- Glaubenssätze/Denkmuster konkret, welche?
- Selbstvertrauen
- Selbstbild/Selbst-Image
- Neue Denkweise
- Neues Verhalten, wie reagieren andere darauf?
- Gelassenheit
- Tatendrang
- Welche Energien spüren Sie?

Überlegen Sie auch:

1. Was denken Sie nun?
2. Wie fühlt sich das an?
3. Wie setzen Sie ALLES SO GUT UND SCHNELL WIE MÖGLICH um?

Sie müssen nicht perfekt sein.
BEFREIEN SIE IHR POTENZIAL. ES IST IN IHNEN, SIE MÜSSEN ES NUR ERKENNEN!

In der Word-Datei für Ihr Coaching-Programm stelle ich Ihnen Beispiele zu den einzelnen Punkten zur Verfügung.

7. WER VERSTEHT, DASS ER DIE MACHT HAT SICH ZU VERÄNDERN, IST FREI!

Die magische Zahl „sieben", die Lebenszahl des Vertrauens.

Für die 7-er Menschen geht es um Vertrauen – zu sich selbst, zu anderen, zum Lauf des Lebens. Die Stärken der Menschen mit dieser Lebenszahl sind Innenschau und Einsicht, sie sind von scharfem Verstand und besitzen das Vermögen, zwischen den Zeilen zu lesen.

Ich beende dieses Buch mit Kapitel 7. Damit wir symbolisch den ersten kraftvollen Einfluss des Universums für unsere Meisterschaft nutzen können.

Glaubenssätze und ihre Blockaden können die größte Kraft in Ihrem Leben sein.

Wir sind die Summe unserer Glaubenssätze, unserer Gefühle und unserer Gewohnheiten. Wir können unseren Glauben ändern, und trotzdem noch wir selbst sein. Wir können lernen, anders zu denken.

Es gibt einen Unterschied zwischen dem, was Sie wollen, und dem, was Sie glauben. Glaubenssätze sind nicht richtig oder falsch. Aber sie sind hilfreich oder sie hindern uns daran, unsere Ziele zu erreichen. Wir ändern unsere Glaubenssätze dauerhaft durch Vorbilder, einen Coach, gute Bücher und so weiter. Wenn sich durch glückliche Erlebnisse unsere Biochemie verändert, verändert sich unsere Bereitschaft, mit Ängsten umzugehen und Risiken einzugehen. Und es verändert vor allem unsere Bereitschaft, mit neuen Strategien zu arbeiten.

Wir können unsere Geschichte neu schreiben, wenn wir unsere Glaubenssätze und ihre Blockaden kennen und überwinden.

Ändern Sie Ihre Glaubenssätze und Sie ändern Ihr Leben.

Wir können jederzeit etwas Neues erschaffen. Denn das, was wir bisher erschaffen haben, kommt auch von uns. Ersetzen Sie Ihre Meinung und Ihre Einstellung.

Unsere Glaubenssätze entscheiden, was wir denken, was wir fühlen, was wir sagen und wie wir handeln. Und darum formen unsere Glaubenssätze, unsere Lebenswirklichkeit.

Wählen Sie den für Sie besten Weg aus. Es ist oft nicht der direkte Weg, mit dem Sie an Ihr Ziel kommen.

Aber irgendwann werden Sie die Schritte, die Sie in diesem Buch kennengelernt haben, in Ihrem Leben erkennen und umsetzen.

Sie werden den roten Faden sehen. Sie werden manchmal stolz sein, oft aber auch zweifeln. Transformation ist die Arbeit eines GEWINNERS.

Geben Sie nie auf!

Sie werden Schritte machen, die Sie vorher nicht für möglich gehalten haben. Es wird Menschen geben, die neidisch sind.
Die wichtigsten Menschen in Ihrem Leben werden Sie LIEBEN. Und Sie werden nie mehr in die Negativfalle fallen, denn das, was Sie losgelassen haben, kommt so nicht mehr zurück. Seien Sie sich dessen bewusst.

Lassen Sie das Abenteuer in Ihr Leben und erkennen Sie, wie tiefgreifend Veränderungen im Außen die Innenwelt verändern.

Der **rote Faden** ist der Weg der Transformation in die emotionale Freiheit. Ziehen Sie den Nutzen der Veränderung in Ihr Leben.

Wir sind an einem Meilenstein des Lebens angekommen.
Wir haben es verdient, den Weg in die Freiheit zu gehen.
Wir wissen, dass wir wertvoll sind.
Nun wollen wir diesen Wert in unserem Leben anlegen.

Das Saga Lumina Spielregel-Programm ist wie ein Seminar. In wenigen Wochen saugen Sie das Beste aus dem Gelernten in Ihr Leben.
Sie erarbeiten Sich die Quintessenz des Lebenswissens und formen daraus ein Meisterwerk.
Sie formen einen Wert, den größten Wert Ihres Lebens. Ihre Persönlichkeit.

Es ist die Beziehung zu sich selbst und die Entwicklung der Persönlichkeit, durch die Menschen zueinander finden.

Sie werden später keine Beziehung zu sich selbst mehr brauchen, denn Sie sind EINS mit sich selbst.

Nachdem Sie dieses Buch gelesen haben, machen Sie sich bewusst, was und wieviel Sie in Ihrem Leben verändern wollen.
Wieviel Macht Sie haben, neue Wege zu gehen, um etwas bewegen zu können.
Geben Sie diesem Inhalt einen Wert und sprechen Sie Ihn als Ihr heiliges Ziel aus. Sie haben die Macht, sich zu verändern.

In diesem Sinne:

„Ich weigere mich, mich selbst zu enttäuschen."
Bodo Schäfer

Ich wünsche Ihnen alles Glück dieser Welt!

Ihre
Monika Muhler
Saga Lumina®

Die Bücher, die im Text angegeben werden, meine wertvollen Unterstützer, alphabetisch nach dem Familiennamen der Autoren:

Maria-Anne Gallen und Hans Neidhardt
Das Enneagramm unserer Beziehungen, Verwicklungen, Wechselwirkungen, Entwicklungen.
Es gibt auch eine Enneagramm App

Khalil Gibran
Über die Liebe

Daniel Goleman
Konzentriert Euch

Gerhard Roth & Alica Ryba
Coaching, Beratung und Gehirn

Bodo Schäfer (mein Coach)
Die Gesetze der Gewinner und die unfassbar mächtigen Affirmationen als Video

Kurt Tepperwein
Kausal-Training

Colin C. Tipping
Radikale Selbstvergebung

Ein Kurs in Wundern
Textbuch, Übungsbuch und Handbuch für Lehrer

Saga Lumina Beziehungscoaching ist ein einzigartiges Konzept, welches ich selbst innerhalb von fünf Jahren in Berlin unter besonderen Umständen entwickelt habe.
Es ist als Einzelcoaching konzipiert, damit Menschen in Ihrer Persönlichkeit wachsen können.
Die Dynamik in Beziehungsphasen zu optimieren und die Transformation in die emotionale Freiheit sind mein Anliegen und mein hauptsächliches Expertenthema für meine Klienten.

Ein neues Feld der Psychologie, welches ich im Selbststudium und anhand vieler Gespräche mit Klienten vertieft habe ist die Online-Kommunikation via Chat und auf Dating-Portalen.

Mit diesem Buch bekommen Sie einen kleinen Einblick in meine Arbeitsweise im Coaching. Es ist ein Leitfaden. Situationen des Lebens werden im Coaching individuell betrachtet. Deshalb können hier die Themen nicht vollständig definiert und bearbeitet werden. Es ist immer schwieriger, aus der Praxis in die Theorie zu denken als umgekehrt. Und es gibt nichts, was nicht gelöst werden kann.

Ich arbeite gerade an einem Buch mit autobiografischen Einblicken in einen anderen persönlichen Glaubenssatz. Freuen Sie sich darauf. Das Buch wird Ihnen gefallen. Sie finden hierzu ein Video auf meinem Kanal Saga Lumina auf YouTube, so wie einige andere Videos zu meinen Themen.

Bis bald, im nächsten Buch …

Die Autorin

Dr. Monika Muhler, Allgemeinärztin und Psychotherapeutin, wurde 1953 in Kronstadt/Rumänien geboren. Seit 1977 lebt sie in Deutschland. Ihre Wahlheimat ist seit 2014 Berlin. Sie hat in Heidelberg studiert und in Bad Mergentheim, Schwäbisch Hall und Löwenstein praktiziert.

Die erwachsenen Kinder der Autorin und ihre Therapiehündin sind ihr ganzer Stolz.

Das Lebenswerk Saga Lumina Beziehungscoaching ist für Menschen konzipiert, die an ihrer Persönlichkeitsentwicklung interessiert sind.

Starke Glaubenssätze verändern das Leben und machen frei und glücklich.

Die Autorin arbeitet online als Allgemeinärztin, Psychotherapeutin, Gutachterin und Coach in Berlin.

Sie führt ein erfülltes Leben.

novum VERLAG FÜR NEUAUTOREN

Der Verlag

> *Wer aufhört besser zu werden, hat aufgehört gut zu sein!*

Basierend auf diesem Motto ist es dem novum Verlag ein Anliegen neue Manuskripte aufzuspüren, zu veröffentlichen und deren Autoren langfristig zu fördern. Mittlerweile gilt der 1997 gegründete und mehrfach prämierte Verlag als Spezialist für Neuautoren in Deutschland, Österreich und der Schweiz.

Für jedes neue Manuskript wird innerhalb weniger Wochen eine kostenfreie, unverbindliche Lektorats-Prüfung erstellt.

Weitere Informationen zum Verlag und seinen Büchern finden Sie im Internet unter:

w w w . n o v u m v e r l a g . c o m